Julia Boehme

Indianergeschichten

Illustrationen von Dorothea Tust

Die Deutsche Bibliothek – CIP-Einheitsaufnahme

Leseraupen-Indianergeschichten / Julia Boehme.
Ill. von Dorothea Tust.
– 1. Aufl. – Bindlach : Loewe, 2000
(Leseraupen)
ISBN 3-7855-3695-X

Der Umwelt zuliebe ist dieses Buch
auf chlorfrei gebleichtem Papier gedruckt.

ISBN 3-7855-3695-X – 1. Auflage 2000
© 2000 Loewe Verlag GmbH, Bindlach
Umschlagillustration: Dorothea Tust
Logogestaltung: Michael Schober
Reihengestaltung: Andreas Henze
Redaktion: Alexandra Borisch

Hallo,

ich bin die Leseraupe. Wie du weißt, sind
wir Raupen ganz schön verfressen. Am liebsten
fresse ich mich durch Kinderbücher. Da erlebt man
immer so tolle Geschichten. Zum Beispiel
bei den Indianern. Kaum zu glauben, was
Blaue Feder und sein Freund, der Waschbär,
alles erleben. Willst du auch wissen, was bei
den Indianern passiert? Dann komm doch
einfach mit!

Ich habe schon viele hübsche Raupenlöcher für
dich gefressen, durch die kannst du mir folgen.
So kannst du über die Löcher selber auswählen,
welche Geschichte du zuerst hören willst. Die
Bilder, die durch die Löcher zu sehen sind,
verraten dir, worum es in der Geschichte geht.

Du musst nur deinen Finger durch das Loch
stecken, und schon kannst du bis zu der
Seite umblättern, die dich gerade
am meisten interessiert.

Wenn du willst, dann mal dir doch ein
kleines Raupengesicht auf die Fingerkuppe.
So wird dein Finger auch zur Raupe.
Und wir können gemeinsam durch
die Löcher kriechen.

Und das sind die Geschichten,
die du selber auswählen kannst:

 **Falsche Spur**   9

 **Der Geisterschreck**   13

 Freund Biber   17

 Bärensuche   21

 Regenzauber   25

 Der kleine Naschbär   29

 Das wilde Pony   33

 Die Einladung   37

Alles klar? Na, dann:
Auf zu den Indianern!

Nanu, was sind denn
das für Schuhe?
Folgen wir doch
der Spur!

Was entdeckt Blaue Feder, als
er den Spuren im Sand nachgeht?
Die Geschichte hier unten
lüftet das Geheimnis.
Siehst du die Masken durch
das Loch? Wollen sich Blaue Feder
und sein Freund, der kleine
Waschbär, damit verkleiden?
Sollen wir mal nachschauen?
Dann folge mir durch das Loch,
und wir werden sehen, was
die beiden vorhaben.

Falsche Spur

An einem schönen Sommermorgen sitzt der kleine Indianer Blaue Feder mit seinem Freund, dem kleinen Waschbären, vor dem Zelt beim Frühstück.

„Ich gehe heute baden!", ruft der kleine Waschbär mit
vollem Mund. „Kommst du mit?" Blaue Feder schüttelt
den Kopf. Er hat heute Wichtigeres vor: Er will auf

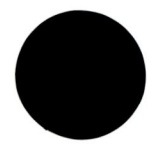

Spurensuche gehen. „Du kannst mich gerne begleiten!“,
schlägt Blaue Feder vor.

Doch der kleine Waschbär hat dazu keine Lust: „Ach,
nö! Das ist mir viel zu anstrengend. Dann gehe ich eben
alleine zum See! Obwohl ...“ Der Waschbär blinzelt
seinem Freund verschmitzt zu:

„... zu zweit wäre es natürlich viel lustiger!“

Aber Blaue Feder bleibt dabei, er will Spuren suchen.

„Dann viel Spaß!“, wünscht der kleine Waschbär und
macht sich gleich auf den Weg. „Übrigens, ich habe
vorhin beim Ahornbaum eine Fährte entdeckt.“

„Prima! Die gucke ich mir gleich als Erstes an!“, lacht
Blaue Feder. Kaum ist er mit seinem Frühstück fertig,
schleicht er zum Ahornbaum. Tatsächlich, hier sind

frische Indianerspuren. Deutlich sieht Blaue Feder die Abdrücke von zwei Paar Mokassins, immer dicht hintereinander. „Da müssen zwei Indianer durch den Wald geschlichen sein. Wollen doch mal sehen, was die beiden hier vorhaben!" Lautlos folgt Blaue Feder der Spur. Sie führt mitten durch den Wald, direkt zum großen See. Am Ufer stehen die zwei Paar Mokassins. Jetzt können auch die beiden Indianer nicht mehr weit sein. Sicher sind sie im See schwimmen gegangen. Blaue Feder hört auch schon ein heftiges Geplantsche. Dann schaut er sich die Schuhe noch einmal genauer an. Auf dem einen Paar ist eine weiße Adlerfeder gestickt, auf den anderen Schuhen eine blaue Feder. „Das gibt es doch gar nicht!", denkt

Blaue Feder. „Die sehen ja aus wie meine." Neugierig nimmt er die Schuhe in die Hand. „Das sind meine Schuhe!", ruft er verwundert. Da hört er jemanden lachen: „Klar sind das deine! Ich hab doch keine!"

Blaue Feder biegt neugierig das Schilf auseinander und guckt auf den See.

Dort schwimmt der kleine Waschbär und winkt ihm fröhlich zu. „Da bist du ja endlich. Ich dachte, du wärst ein bisschen schneller hier!"

Blaue Feder ist sprachlos.

„Los, worauf wartest du noch?", ruft der Waschbär. „Komm ins Wasser!"

Da springt Blaue Feder mit einem riesigen Platscher in den See. Zu zweit ist Baden nämlich wirklich viel schöner.

Hast du Lust, mit Blauer Feder und dem Waschbären ein Geisterfest zu feiern? Dann nichts wie auf die nächste Seite, und schon kann das Fest beginnen.

Der Geisterschreck

Heute ist das Geisterfest. Da setzen sich alle Indianer große Masken auf, um die bösen Geister zu vertreiben. Auch der kleine Waschbär hat sich eine schaurige Maske gemacht. Stolz zeigt er sie seinem Freund Blaue Feder.

„Damit verjagst du bestimmt jeden Geist!", meint Blaue Feder anerkennend.

„Ja, nicht wahr!", strahlt der kleine Waschbär. „Ich probiere sie am besten gleich einmal aus!"

„Tu das nur!", sagt Blaue Feder und bemalt weiter seine Rassel, die er am Abend für den Geistertanz braucht. Er ist noch längst nicht fertig, als der kleine Waschbär zum Zelt zurückkommt.

„Na, wie ist es gelaufen?", will Blaue Feder wissen.

„Schlecht!", seufzt der kleine Waschbär niedergeschlagen. „Ich habe nicht einen einzigen Geist verjagt!"

„Wieso denn nicht?", fragt Blaue Feder verblüfft.

„Ganz einfach, ich habe keinen getroffen!"

Blaue Feder überlegt. „Probier's noch mal. Ich wette, diesmal triffst du einen!"

Der kleine Waschbär klemmt sich die Maske unter den Arm und zieht gleich noch einmal los. Vielleicht hat er ja diesmal Glück.

Er ist noch nicht weit gekommen, da merkt er plötzlich, dass ihm jemand folgt. Vorsichtig guckt er sich um und sieht eine unheimliche Gestalt. Von oben bis unten ist sie in eine alte Indianerdecke eingehüllt. Selbst das Gesicht ist

nicht zu sehen, nur zwei nackte Füße gucken unter der Decke hervor.

„Bist du ein Geist?", fragt der kleine Waschbär neugierig.

„Jaaaa!", heult der Geist unter seiner Decke.

„Ein böser?"

„Oh ja!", grölt der Geist verwegen.

„Dann mach, dass du wegkommst!", ruft der kleine Waschbär mutig und beißt den Geist geschwind in den großen Zeh.

„Autsch!", flucht der Geist und rennt – hast-du-nicht-gesehen – davon.

„Hurra!", jubelt der Waschbär. Da fällt ihm erst seine

Maske ein. Schnell setzt er sie auf: „Buhuh!", ruft er dem Geist noch hinterher. Doch der ist längst verschwunden.

Fröhlich läuft der Waschbär nach Hause: „Jetzt habe ich einen Geist vertrieben!"

„Gut gemacht!", murmelt Blaue Feder, während er eine alte Decke zusammenlegt. Der kleine Waschbär platzt fast

vor Stolz. Doch als die beiden Freunde dann am Abend den Geistertanz tanzen, wundert er sich doch ein bisschen, warum Blaue Feder plötzlich humpelt. „Komisch", denkt der kleine Waschbär, „sein Zeh ist so rot und dick – ganz so, als hätte da jemand reingebissen ..."

Willst du wissen, wie Blaue Feder und der Waschbär einen neuen Freund finden? Komm mit! Wir huschen schnell auf die nächste Seite.

Der Biber hat sich beim Baumfällen seinen Biberschwanz eingeklemmt.

Ob Blaue Feder und der kleine Waschbär ihn retten können?

Lies die Geschichte hier unten, und du weißt, was passiert.

Oder möchtest du viel lieber mit den beiden Freunden Waldbeeren suchen gehen?

Dann komm doch mit mir durch das Loch, und du wirst sehen, was Blaue Feder und der Waschbär dabei alles erleben.

Freund Biber

„Kanu fahren ist das Größte!", jauchzt der kleine Waschbär fröhlich. Er sitzt im Kanu nämlich ganz vorne und hält Ausschau, während sein Freund Blaue Feder fleißig paddeln muss.

„Vorsicht!", warnt er, aber Blaue Feder hat die Biberburg schon gesehen und weicht geschickt aus. Sind Enten

im Weg, ruft der Waschbär einfach: „Platz da!" Und die Enten schwimmen schnatternd auseinander.

„So eine Unverschämtheit!", quaken sie dabei, als ob das ihr Fluss wäre!

Plötzlich liegt ein langer Baumstamm im Weg.

„Achtung!", schreit der kleine Waschbär aufgeregt. Blaue Feder stoppt das Kanu gerade noch rechtzeitig.

Auf einmal legt Blaue Feder seinen Finger auf den Mund. „Pssst!", flüstert er. „Da ist doch was!"

Der kleine Waschbär spitzt die Ohren: „Das kommt vom Ufer!"

Und noch bevor Blaue Feder das Kanu richtig angelegt hat, ist der Waschbär schon an Land gesprungen. Beim

Baumstamm hockt ein kleiner Biber und jammert ganz
kläglich.

„Ich habe mir beim Baumfällen meinen schönen
Schwanz eingeklemmt", schnieft er.

Da heben Blaue Feder und der kleine Waschbär mit all
ihren Kräften den schweren Baumstamm hoch, damit der
Biber seinen Schwanz wegziehen kann. Vorsichtig schaut
sich Blaue Feder den Biberschwanz an.

„Da brauchst du aber einen Verband!", sagt er sanft.
„Am besten, wir nehmen dich mit nach Hause!"

So schnell er kann, paddelt Blaue Feder den kleinen
Biber mit dem Kanu nach Hause. Und macht ihm im Zelt
einen wunderschönen Biberschwanzverband.

„Sei nicht traurig!", tröstet der kleine Waschbär den Biber. „Bald ist dein Schwanz wieder heil! Und so lange bleibst du hier bei uns!"

„Danke!", seufzt der kleine Biber.

Und wirklich: In wenigen Tagen ist der Biber wieder ganz gesund. Blaue Feder und der kleine Waschbär begleiten ihn zum Fluss.

„Hurra!" Der kleine Biber freut sich mächtig, dass er wieder zu Hause ist, und alle seine Biberfreunde freuen sich auch!

Von nun an aber braucht Blaue Feder nie wieder zu paddeln, wenn er mit dem Waschbären auf dem Fluss Kanu fährt. Denn nun schiebt sie der kleine Biber mit seinen Freunden! Und das geht viel schneller!

Wie gut, dass Blaue Feder und der Waschbär den Biber gefunden haben.
Auf der nächsten Seite erleben die beiden schon ihr ein neues Abenteuer.

Bärensuche

Blaue Feder und der kleine Waschbär liegen auf dem Rücken im Gras und beobachten die Wolken.

Der kleine Waschbär fährt sich mit seiner Zunge über die Schnauze. „Weißt du, worauf ich gerade Appetit habe?"

Blaue Feder schüttelt lachend den Kopf: „Du hast doch immer Appetit!"

„Auf süße, saftige Waldbeeren!"

„Oh ja! Lecker!", seufzt Blaue Feder, dann springt er auf. „Komm, wir gehen gleich welche suchen!"

So machen sich die beiden Freunde auf in den Wald. Beeren zu suchen ist einfach, aber Beeren zu finden ist gar nicht so leicht. Denn die Beeren sind klein, und der Wald

ist groß. Deshalb trennen sich die zwei. Der kleine Waschbär geht nach links, Blaue Feder geht nach rechts. Und wer zuerst Beeren findet, der ruft den anderen.

„Ich habe welche!" Gerade hat Blaue Feder ein paar Beeren entdeckt, da hat er das merkwürdige Gefühl, als ob hinter ihm jemand steht. Jemand Großes!

„Du suchst Beeren? Hier hast du einen Bären gefunden!", brummt ein riesiger Braunbär und tippt Blauer Feder lachend von hinten auf die Schulter.

„Du meinst wohl, du hast mich gefunden!", ruft Blaue Feder erschrocken und klettert, so schnell er kann, auf den nächsten Baum.

„Genau!", brüllt der Bär und schüttelt den Baumstamm, als sei es ein Blumenstängel.

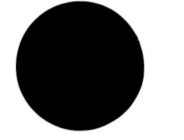

22

„Ach du liebes bisschen!", stöhnt der Waschbär leise, als er das sieht. Dann nimmt er all seinen Mut zusammen und spricht den Braunbären an. Normalerweise tun sich Bären gegenseitig nichts. Aber man weiß nie: Braunbären sind echte Rüpel!

„Was machst du denn da für einen Aufstand?", fragt der kleine Waschbär also den Braunbären und brummt dabei, so bärenlaut er kann.

„Ich habe einen Indianer gefangen!", protzt der Braunbär. „Toll, was?!"

„Das ist doch gar nichts! Ich habe zwei Indianer gefangen!", lügt der Waschbär, ohne rot zu werden.

 „Gleich zwei?" Der Braunbär wird neugierig. „Wo denn?"

Der kleine Waschbär zeigt auf einen großen Ahornbaum: „Ich hab sie da drüben auf den Baum gejagt. An deiner Stelle würde ich lieber dort Wache schieben!"

„Oh ja!" Der Braunbär rennt sofort zum Ahornbaum.

Der kleine Waschbär aber schleicht mit Blauer Feder klammheimlich nach Hause.

Und während die beiden Freunde schon längst gemütlich am Lagerfeuer sitzen, wartet der Braunbär immer noch unter dem Ahornbaum. Irgendwann werden die Indianer ja wohl herunterklettern. Oder etwa nicht?

Nanu, beginnt es etwa zu regnen? Los, schnell auf die nächste Seite.

Aber warum regnet es denn
auf einmal? Was haben Blaue
Feder und der kleine Waschbär
nur angestellt? Die Geschichte
hier unten verrät es dir.

Oder möchtest du lieber
wissen, welche Leckereien in
diesem Topf sind?
Dann steck deinen Finger
durch das Loch und folge mir.

Regenzauber

Die Bäume lassen traurig ihre Blätter hängen, denn die letzten Wochen waren heiß und trocken.

„Es wird Zeit, dass es regnet!", sagt Blaue Feder. Besorgt schaut er zum Himmel: Nicht eine Wolke ist zu sehen. Und wo keine Wolken sind, gibt es auch keinen Regen.

„Da hilft nur eins!", murmelt er und holt aus seinem Zelt die Regenrassel. Dann beginnt Blaue Feder zu tanzen, die Rassel zu schütteln und zu singen.

„Was machst du da?", fragt sein Freund, der kleine Waschbär, neugierig.

„Ich tanze den Regen herbei! Willst du mittanzen?"

Der kleine Waschbär schaut zum Himmel: Er ist strahlend blau. Da muss man bestimmt lange tanzen, bis es regnet.

„Nö! Mach du nur!", sagt der kleine Waschbär deshalb und rollt sich gemütlich im Schatten zusammen. Blaue Feder aber tanzt unermüdlich, bis es dunkel wird. Dann erst kriecht er müde unter seine kuschelige Felldecke. Als

er am nächsten Morgen verschlafen aus seinem Zelt blinzelt, lacht er fröhlich: Denn ganz hinten am Horizont sind
schon die ersten Wolken zu sehen!

Gleich nach dem Frühstück tanzt Blaue Feder weiter.
Der kleine Waschbär aber liegt faul neben dem Zelt und
beobachtet den Himmel. Am Nachmittag sind die Wolken
herangezogen: Sie sind groß und dunkel. Der kleine
Waschbär staunt: Es sieht verflixt nach Regen aus.

Blaue Feder singt immer leiser und tanzt immer langsa-
mer, denn er ist schon ganz müde.

„Ruh dich nur aus!", sagt da der kleine Waschbär. „Ich
tanze für dich weiter!"

Erschöpft sctzt sich Blaue Feder vors Zelt: „Danke!",
keucht er außer Atem.

„Gern geschehen", ruft der Waschbär großzügig. Doch kaum hat er die ersten Schritte getanzt und mit der Regenrassel gerasselt, beginnt es zu schütten.

„Hurra!", rufen die Freunde und stellen sich mit ausgebreiteten Armen in den Regen.

„Mein Regentanz hat geholfen!", jubelt Blaue Feder.

„Dein Tanz?", fragt der Waschbär. „Ich habe den Regen herbeigetanzt."

„Du?", fragt Blaue Feder und schüttelt entschieden den Kopf.

„Na, wann hat es denn bitte schön angefangen zu regnen, als du getanzt hast oder ich?", kichert der kleine Waschbär und rasselt triumphierend mit der Regenrassel.

Das haben Blaue Feder und der Waschbär toll gemacht! Was sie wohl als Nächstes vorhaben?

Der kleine Naschbär

„Ich bin wieder da!", ruft der kleine Waschbär fröhlich und schlüpft ins Zelt. „Blaue Feder?" Doch sein Indianerfreund ist gar nicht zu Hause. Schade, denn der kleine Waschbär hat ja so einen Hunger. Kein Wunder, schließlich ist er gerade im Wald mit den Eichhörnchen um die Wette geklettert: Wer zuerst auf dem Baumwipfel ist. Fast hätte er gewonnen!

Der kleine Waschbär schnuppert. Irgendetwas Leckeres wird er im Zelt schon finden. Tatsächlich: Schon hat er den Krug mit dem süßen Ahornsirup entdeckt.

„Mmmh! Das duftet ja köstlich!" Den muss Blaue Feder heute Morgen eingekocht haben.

„Nur mal kurz probieren!", sagt der kleine Waschbär zu sich selbst, und schon träufelt er sich ein paar Tropfen auf die Zunge. Oh! Schmeckt das gut! So ein paar Tropfen sind aber viel zu wenig. Der kleine Waschbär setzt den Krug an und nimmt einen großen Schluck Sirup. Und noch einen – und noch einen: lecker!

Normalerweise gibt es den Sirup zu Fladenbrot.

„Aber er schmeckt auch ohne Brot sehr gut!", findet der kleine Waschbär und schleckt sich die Schnauze.

„Nur noch einen kleinen Schluck!", denkt der Waschbär. Doch der Sirup ist schon alle.

„Na so was?!" Der Waschbär hält den Krug über den Kopf, aber es kommt nur noch ein allerletzter kleiner Tropfen heraus.

„Der Krug kann doch nicht schon leer sein!", meint der kleine Waschbär verblüfft und steckt seine Pfote hinein.

„Oje!", ruft der kleine Waschbär entsetzt. Denn seine Pfote sitzt fest. Er bekommt sie nicht mehr aus dem Krug heraus! Das hat ihm gerade noch gefehlt. Was ist, wenn Blaue Feder jetzt nach Hause kommt? Der kleine Waschbär wagt gar nicht, daran zu denken.

„Du meine Güte!" Der Waschbär spitzt ängstlich seine Ohren. Da kommt er doch nicht etwa schon?

„Hallo, kleiner Waschbär! Bist du da?", ruft Blaue Feder im gleichen Moment.

„Nein!", seufzt der Waschbär. „Ich bin nicht da!"

Schnell versucht er noch einmal mit aller Kraft, seine Pfote aus dem Krug zu zerren. Pleng! Klirrend zerspringt der Krug in tausend Scherben. – Aber immerhin: Die Pfote ist frei!

„Oh nein!", ruft Blaue Feder entsetzt. „Wie schade um den schönen Sirup!"

„Keine Angst!", tröstet ihn der kleine Waschbär. „Den Sirup habe ich schon gegessen. Nur der Krug ist kaputt!"

Ob sich das kleine Pony verlaufen hat? Lies schnell die nächste Geschichte, und du erfährst es.

Blaue Feder und der kleine Waschbär möchten so gerne ein eigenes Pony haben. Ob sie auch eines bekommen werden?

Siehst du das Feuer durch das Loch? Möchtest du wissen, wie man jede Menge Freunde zu einem Lagerfeuer einladen kann? Dann lies die Geschichte hier unten.

Das wilde Pony

Blaue Feder legt sein Lasso um die Schulter. „Kommst du mit?", fragt er den kleinen Waschbären. „Ich gehe ein Pony fangen!"

Ein Pony? Natürlich will der kleine Waschbär mit.

Oben vom Hügel aus können sie im Tal die wilden Ponys sehen.

„Pssst, wir schleichen uns an!", flüstert Blaue Feder
seinem Freund leise zu. Lautlos huschen sie von Busch zu
Busch, bis sie ganz nah bei den Ponys sind. Blaue Feder
kramt in seiner Tasche.

„Wer will was Leckeres zu fressen haben?", fragt er die
Ponys freundlich und hält ihnen saftige Wurzeln hin. Das
Pony mit der schwarzen Schnauze kommt neugierig näher.
Die Wurzeln muss es unbedingt probieren: Oh, schmecken
die lecker!

Doch während das Pony noch an den Wurzeln knabbert,
legt ihm Blaue Feder blitzschnell das Lasso um den Hals.

„Hurra!", jubelt Blaue Feder glücklich.

Das Pony guckt verdutzt, und ehe es sich versieht, sitzt Blaue Feder schon auf seinem Rücken. Das Pony schüttelt sich empört: So war das nicht abgemacht! Erst kann sich Blaue Feder noch festhalten. Doch dann fliegt er im hohen Bogen ins Präriegras. Blaue Feder reibt sich den Po. „Willst du denn gar nicht mit mir reiten?", ruft er.

Das Pony dreht sich zu ihm um. „Ich habe nichts dagegen, wenn wir zusammen reiten!", sagt es. „Aber was ist, wenn wir nicht reiten? Dann muss ich angebunden bei deinem Zelt stehen und langweile mich. Da möchte ich doch lieber hier bei meinen Freunden bleiben."

„Das verstehe ich!", murmelt Blaue Feder. „Aber ab und zu brauche ich einfach ein Pony ..."

„Ich hab's!", ruft der kleine Waschbär und lacht das Pony an: „Du bleibst hier bei deinen Freunden, aber wenn wir dich mal brauchen, dürfen wir auf dir reiten. Abgemacht?"

„Abgemacht!", wiehert das Pony. „Ihr pfeift einfach nach mir! Dann komme ich! Ihr könnt doch pfeifen, oder?"

„Na klar!", lacht Blaue Feder und pfeift laut durch seine Finger. Nun sind sich die drei einig. „Eine prima Idee!", lachen sie. Und um ihre neue Freundschaft zu besiegeln, machen sie sogleich einen langen Ausritt durch die Prärie.

Die Einladung

„Uaaah!", gähnt der kleine Waschbär und reckt und streckt sich. Verschlafen guckt er aus dem Zelt. Nanu, Blaue Feder ist ja schon weg. Bestimmt ist er am Fluss Wasser holen.

Der kleine Waschbär nimmt seine Decke und geht nach draußen. Blaue Feder hat das Lagerfeuer schon ange-macht. Der Waschbär mummelt sich in seine bunte Decke ein und wirft noch ein paar Zweige ins Feuer, damit es ihm richtig schön warm wird. Oje, die Zweige waren wohl noch feucht gewesen: Denn das Feuer fängt plötzlich furchtbar an zu qualmen.

Da hat der kleine Waschbär eine tolle Idee. Er hat schon oft gesehen, wie Indianer ihre Decken über rauchendes

Feuer schwenken. Warum sie das tun, weiß der kleine Waschbär zwar nicht, aber für irgendetwas wird es schon gut sein.

„Vielleicht wird die Decke durch den Rauch noch wärmer?", denkt der kleine Waschbär. „Oder man darf sich dabei heimlich etwas wünschen, was später in Erfüllung geht!" So was gibt es, und der kleine Waschbär muss es gleich einmal ausprobieren.

Er nimmt die Decke in beide Pfoten und schwenkt sie vorsichtig im dicken Qualm. Genauso, wie er es schon gesehen hat.

Blaue Feder ist beim Fluss. Sein Wasserkrug ist schon randvoll. Da sieht er auf einmal große, seltsame Rauchwolken.

„Nanu, eine Botschaft so früh am Morgen?", wundert er sich und liest die Rauchzeichen: „Heute – Abend – hier – fröhlich!", übersetzt er, denn Rauchzeichen können alle Indianer lesen. Was für eine merkwürdige Botschaft! Blaue Feder überlegt, dann lacht er: „Dort wird heute Abend bestimmt ein Fest gefeiert! Und das ist die Einladung dazu! Hurra, da geh ich hin!"

Wo findet das Fest bloß statt? Blaue Feder klettert schnell auf einen Baum, und von oben sieht er es: Die Einladung kommt von seinem Zelt!

„Beim stumpfen Kriegsbeil!", murmelt Blaue Feder verdattert und rennt so schnell nach Hause, dass das Wasser im Krug ordentlich schwabbert. „Ein Fest heute bei mir: Davon wusste ich ja gar nichts!"

„Wir haben alle Hände voll zu tun!", ruft er seinem Freund, dem kleinen Waschbären, zu. „Heute kommen Gäste! Und ich glaube, jede Menge!"

„Wirklich?", fragt der Waschbär und freut sich mächtig.

Und tatsächlich: Am Abend kommen aus der ganzen Gegend lauter Freunde. Sie grillen Prärieäpfel im Feuer, tanzen und singen bis tief in die Nacht.

„Was für ein schönes Fest!", murmelt der kleine Waschbär, als die Gäste schließlich fröhlich nach Hause ziehen. „Genauso wie ich mir es heute früh gewünscht habe!" Von jetzt an wird er seine Decke öfter im Rauch schwenken. Schließlich hat der kleine Waschbär noch jede Menge anderer Wünsche ...

Meine Güte, da haben wir aber ganz
schön viel erlebt bei den Indianern.
Und das Beste: Das Buch ist noch nicht zu
Ende. Siehst du die Bilder unten auf der gegenüber-
liegenden Seite? Durch die Löcher kannst
du wieder zurück zu deiner Lieblingsgeschichte.

Oder du gehst zurück zu den Geschichten,
die du vorhin ausgelassen hast.

Wenn du also mit Blauer Feder auf
Spurensuche gehen willst, brauchst du deinen
Finger nur durch das Loch mit dem Bild von den
Schuhen zu stecken, und schon kommst du wieder
auf der Seite raus, wo die Geschichte steht.

Oder du suchst dir eine der drei anderen
Geschichten aus. Die Bilder verraten dir immer,
worum es in der jeweiligen Geschichte geht.
Also los: Kriechen wir zurück in das Buch!

Willst du die Geschichten lieber selbst
nachspielen? Auf der nächsten Seite findest
du Blaue Feder und den Waschbären als
Fingerpuppen. Einfach ausschneiden,
zusammenkleben – und fertig sind
die Fingerpuppen.

Viel Spaß,
deine Leseraupe

Julia Boehme ist 1966 in Bremen geboren. Sie studierte Literatur und Musikwissenschaft und arbeitete danach als Redakteurin beim Kinderfernsehen. Eines Tages fiel ihr ein, dass sie als Kind unbedingt Schriftstellerin werden wollte. Wie konnte sie das bloß vergessen? Auf der Stelle beschloss sie, jetzt nur noch zu schreiben. Seitdem lebt sie in Berlin und denkt sich Kinderbücher und Geschichten fürs Fernsehen aus.

Dorothea Tust, 1956 geboren, studierte Grafik-Design mit dem Schwerpunkt Illustration. Seit 1980 ist sie freiberuflich als Illustratorin für verschiedene Verlage tätig. Sie arbeitet außerdem an Trickfilmprojekten und hat schon über 50 Bildergeschichten für „Die Sendung mit der Maus" gemacht.

kleben

Jetzt hast du viel von Blauer Feder und dem Waschbären gehört. Wenn du weitere spannende Abenteuer mit den beiden erleben möchtest, dann brauchst du nur eine Schere zu holen. Denn die Fingerpuppen kannst du ganz leicht selbst basteln. Du musst einfach die beiden Figuren am Rand ausschneiden. Dann klappst du die beiden Seiten nach hinten und klebst sie zusammen. Und schon kannst du dir die Puppen über die Finger stülpen.

kleben

Hallo!

War das spannend bei den Indianern!

Aber ich habe noch mehr erlebt.
Wollt ihr mit dem Kater Laslo und der
Katze Lina auf Schatzsuche gehen?
Dann kommt doch wieder mit!

Außerdem gibt es noch
folgende Bücher mit mir: